skool - el colegio 2
reis - el viaje 5
vervoer - el transporte 8
stad - la ciudad 10
landskap - el paisaje 14
restaurant - el restaurante 17
supermark - el supermercado 20
drankies - las bebidas 22
kos - la comida 23
plaas - la granja 27
huis - la casa 31
woonkamer - el living 33
kombuis - la cocina 35
badkamer - el baño 38
kinderkamer - el cuarto de los chicos 42
klere - la ropa 44
kantoor - la oficina 49
ekonomie - la economía 51
beroepe - las ocupaciones 53
gereedskap - las herramientas 56
musiekinstrumente - los instrumentos musicales 57
dieretuin - el zoológico 59
sport - los deportes 62
aktiwiteite - las actividades 63
familie - la familia 67
liggaam - el cuerpo 68
hospitaal - el hospital 72
noodgeval - la emergencia 76
aarde - la Tierra 77
klok - el reloj 79
week - la semana 80
jaar - el año 81
vorms - las formas 83
kleure - colores 84
teenoorgesteldes - los opuestos 85
getalle - los números 88
tale - los idiomas 90
Wie / wat / hoe - quién / qué / cómo 91
waar - dónde 92

Impressum
Verlag: BABADADA GmbH, Nedderfeld 112 , 22529 Hamburg
Geschäftsführer / Verlagsleitung: Harald Hof
Druck: Books on Demand GmbH, In de Tarpen 42, 22848 Norderstedt

Imprint
Publisher: BABADADA GmbH, Nedderfeld 112 , 22529 Hamburg, Germany
Managing Director / Publishing direction: Harald Hof
Print: Books on Demand GmbH, In de Tarpen 42, 22848 Norderstedt

skool

el colegio

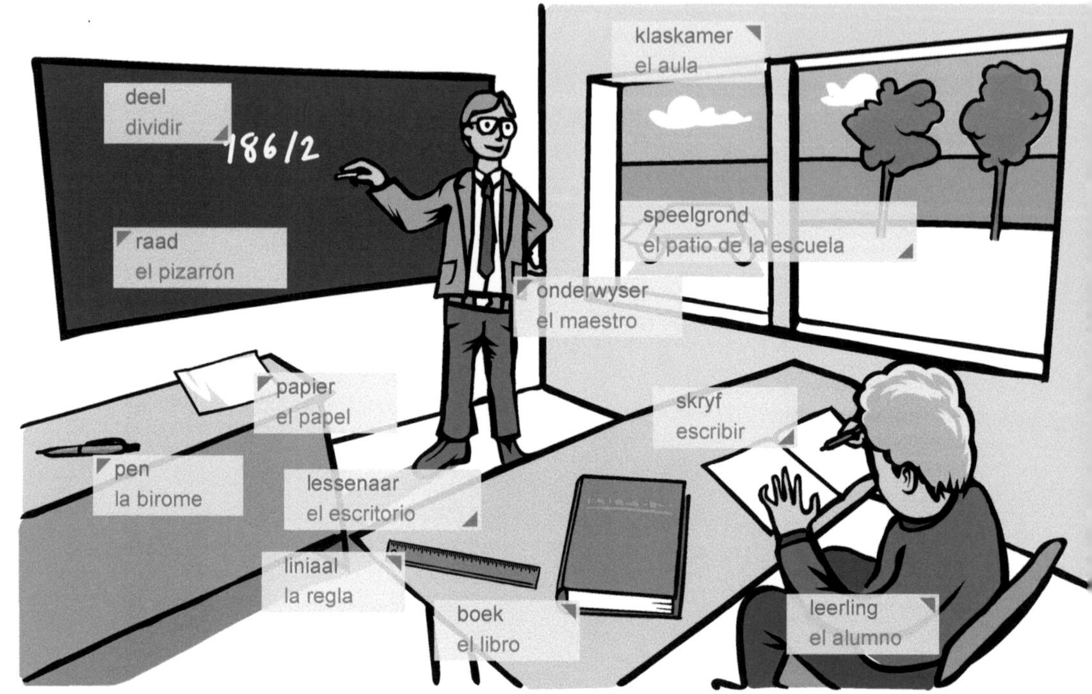

klaskamer
el aula
deel
dividir
186/2
speelgrond
el patio de la escuela
raad
el pizarrón
onderwyser
el maestro
papier
el papel
skryf
escribir
pen
la birome
lessenaar
el escritorio
liniaal
la regla
boek
el libro
leerling
el alumno

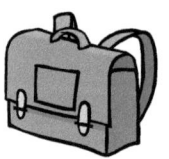

skooltas

la mochila

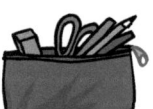

potloodhouer

la caja de lápices

potlood

el lápiz

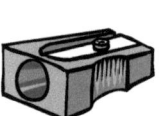

skerpmaker

el sacapuntas

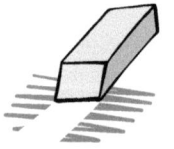

rubber

la goma (de borrar)

tekenblok

el bloc de dibujo

tekening

el dibujo

verfkwas

el pincel

verfoppervlak

la caja de pinturas

skêr

la tijera

gom

el pegamento

oefenboek

el cuaderno de ejercicios

huiswerk

la tarea

12

aantal

el número

2+2

optel

sumar

5-2

aftrek

restar

2×2

maal

multiplicar

bereken

calcular

A

brief

la letra

ABCDEFG
HIJKLMN
OPQRSTU
VWXYZ

alaphabet

el abecedario

woord

la palabra

teks

el texto

lees

leer

kryt

la tiza

les

la lección

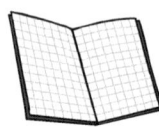

registreer

el cuaderno de clase

eksamen

el examen

sertifikaat

el certificado

skooluniform

el uniforme escolar

onderwys

la educación

ensiklopedie

la enciclopedia

universiteit

la universidad

mikroskoop

el microscopio

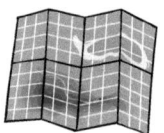

kaart

el mapa

vullisdrom

el tacho (de basura)

skool - el colegio

reis

el viaje

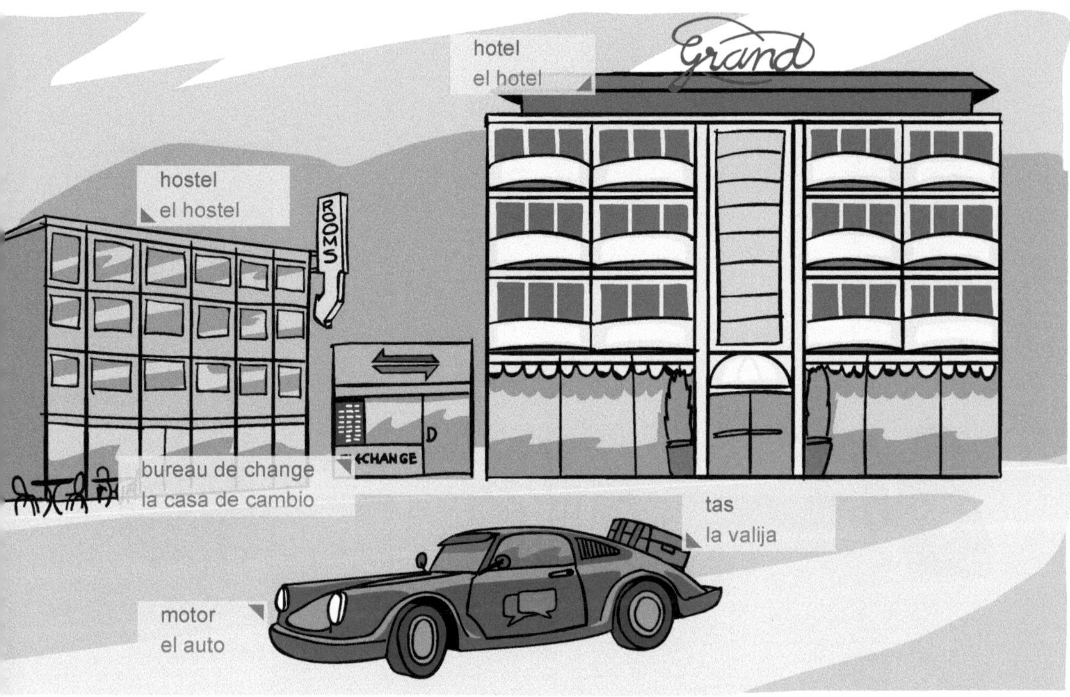
hotel
el hotel
Grand
hostel
el hostel
ROOMS
bureau de change
la casa de cambio
EXCHANGE
tas
la valija
motor
el auto

taal

el idioma

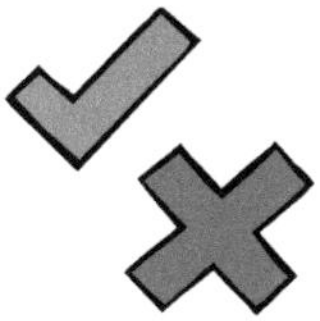

ja / nee

sí / no

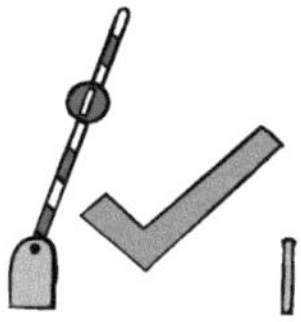

Goed

Está bien

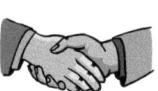

hallo

hola

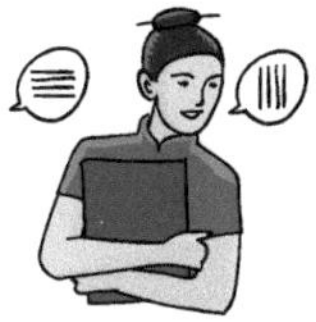

vertaler

el traductor

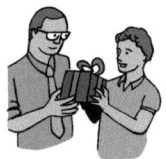

Dankie

Gracias

hoeveel is...?

¿cuánto cuesta...?

Ek verstaan nie

No entiendo

probleem

el problema

Goeie naand!

¡Buenas tardes!

Goeie môre!

¡Buenos días!

Goeie nag!

¡Buenas noches!

totsiens

el adiós

rigting

la dirección

bagasie

el equipaje

sak

el bolso

rugsak

la mochila

gas

el invitado

kamer

la habitación

slaapsak

la bolsa de dormir

tent

la carpa

toeriste-inligting

la información turística

strand

la playa

kredietkaart

la tarjeta de crédito

ontbyt

el desayuno

middagete

el almuerzo

aandete

la cena

kaartjie

el pasaje

hysbak

el ascensor

posseël

el sello

grens

la frontera

doeane

la aduana

ambassade

la embajada

visum

la visa

paspoort

el pasaporte

reis - el viaje

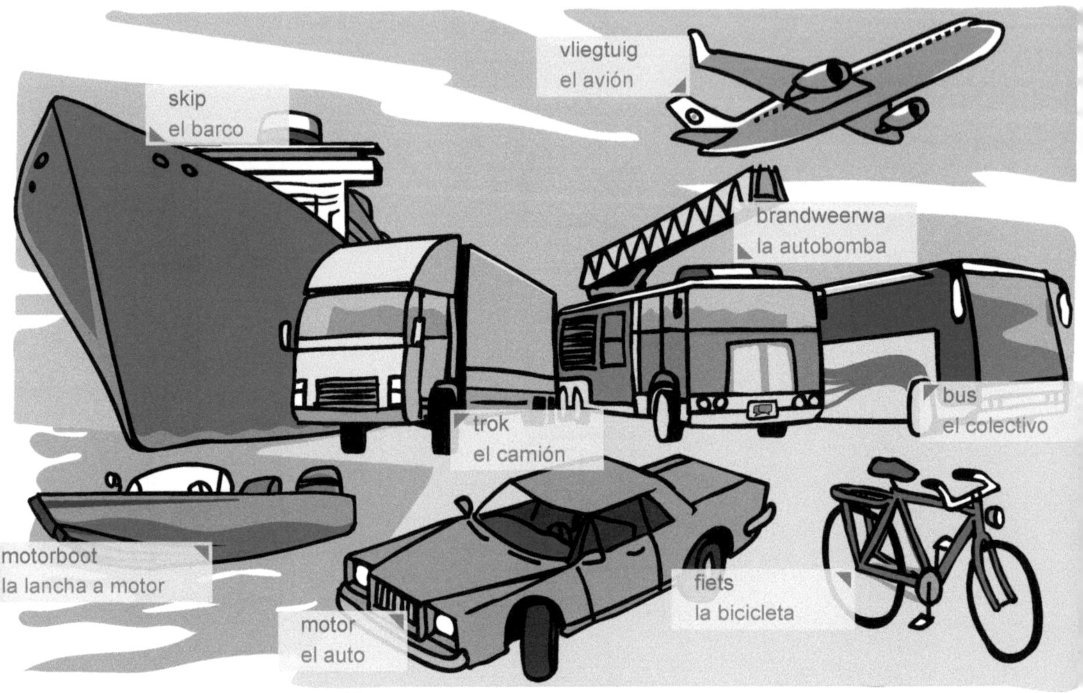

vliegtuig
el avión

skip
el barco

brandweerwa
la autobomba

bus
el colectivo

trok
el camión

motorboot
la lancha a motor

fiets
la bicicleta

motor
el auto

veerboot

el ferry

boot

el bote

motorfiets

la moto

polisiemotor

el patrullero

renmotor

el auto de carreras

huurmotor

el auto de alquiler

car-sharing

el alquiler de autos

insleepvoertuig

la grúa

vullisverwydering

el camión de la basura

enjin

el motor

brandstof

la nafta

vulstasie

la estación de servicio

verkeersteken

la señal de tránsito

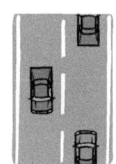

verkeer

el tránsito

verkeersknoop

el embotellamiento

parkeerplek

el estacionamiento

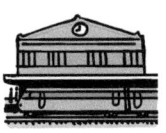

stasie

la estación de tren

spore

las vías

trein

el tren

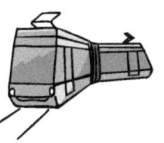

tram

el tranvía

wa

el vagón

helikopter

el helicóptero

lughawe

el aeropuerto

toring

la torre

passasier

el pasajero

houer

el contenedor

karton

la caja de cartón

karretjie

la carretilla

mandjie

la canasta

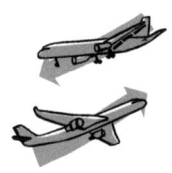

opstyg / land

despegar / aterrizar

stad

la ciudad

dorpie

el pueblo

middestad

el centro de la ciudad

huis

la casa

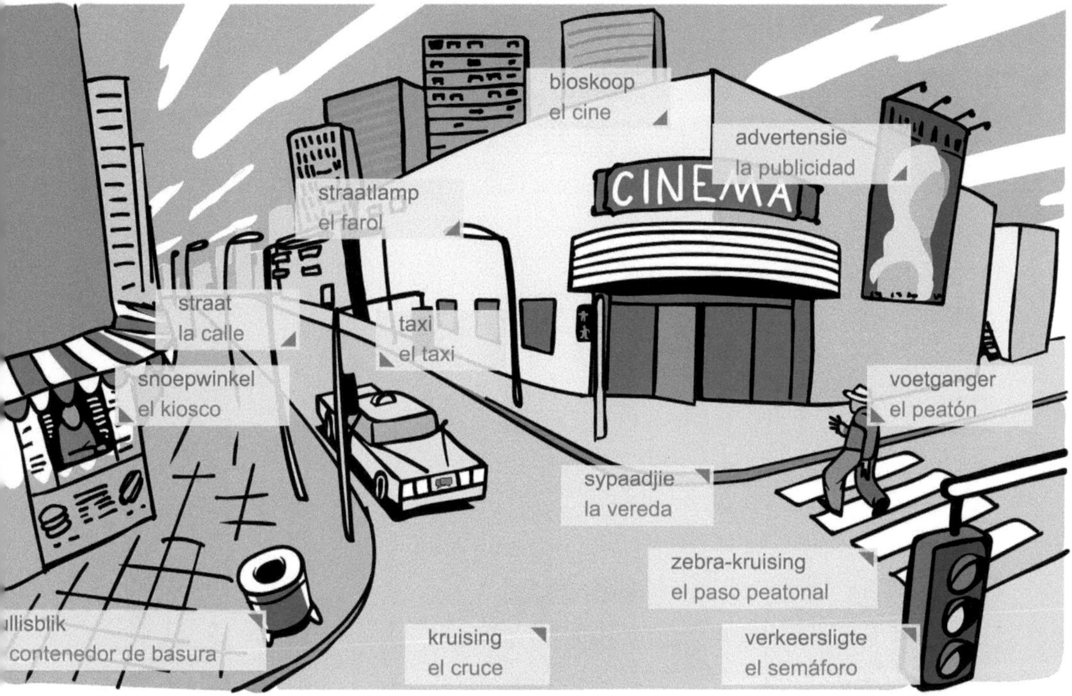

bioskoop
el cine

advertensie
la publicidad

straatlamp
el farol

straat
la calle

taxi
el taxi

snoepwinkel
el kiosco

voetganger
el peatón

sypaadjie
la vereda

zebra-kruising
el paso peatonal

llisblik
contenedor de basura

kruising
el cruce

verkeersligte
el semáforo

hut

la cabaña

woonstel

el departamento

stasie

la estación de tren

stadsaal

la municipalidad

museum

el museo

skool

el colegio

universiteit

la universidad

bank

el banco

hospitaal

el hospital

hotel

el hotel

apteek

la farmacia

kantoor

la oficina

boekwinkel

la librería

winkel

el negocio

bloemis

la florería

supermark

el supermercado

mark

el mercado

handelshuis

las grandes tiendas

viswinkel

la pescadería

inkopiesentrum

el centro comercial

hawe

el puerto

park
el parque

bankie
el banco

brug
el puente

trappe
las escaleras

moltrein
el subte

tonnel
el túnel

bushalte
la parada del colectivo

kroeg
el bar

restaurant
el restaurante

posbus
el buzón

straatnaambord
el letrero

parkeermeter
el parquímetro

dieretuin
el zoológico

swembad
la pileta

moskee
la mezquita

plaas
la granja

besoedeling
la contaminación

begraafplaas
el cementerio

kerk
la iglesia

speelgrond
los juegos infantiles

tempel
el templo

landskap
el paisaje

blaar
la hoja

padwyser
el poste indicador

pad
el camino

weiland
la pradera

klip
la piedra

boom
el árbol

voetslaner
el excursionista

rivier
el río

gras
la hierba

blom
la flor

vallei
el valle

heuwel
la montaña

meer
el lago

bos
el bosque

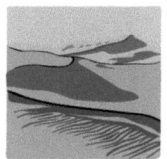

woestyn
el desierto

vulkaan
el volcán

kasteel
el castillo

reënboog
el arco iris

sampioen
el champiñón

palmboom
la palmera

muskiet
el mosquito

vlieg
la mosca

mier
la hormiga

by
la abeja

spinnekop
la araña

miskruier

el escarabajo

padda

la rana

eekhoring

la ardilla

krimpvarkie

el erizo

haas

la liebre

uil

la lechuza

voël

el pájaro

swaan

el cisne

wildevark

el jabalí

takbok

el ciervo

elk

el alce

opgaardam

la presa

windturbine

el aerogenerador

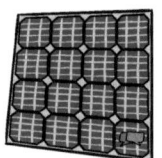

sonpaneel

el panel solar

klimaat

el clima

restaurant
el restaurante

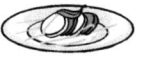

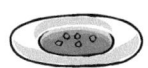

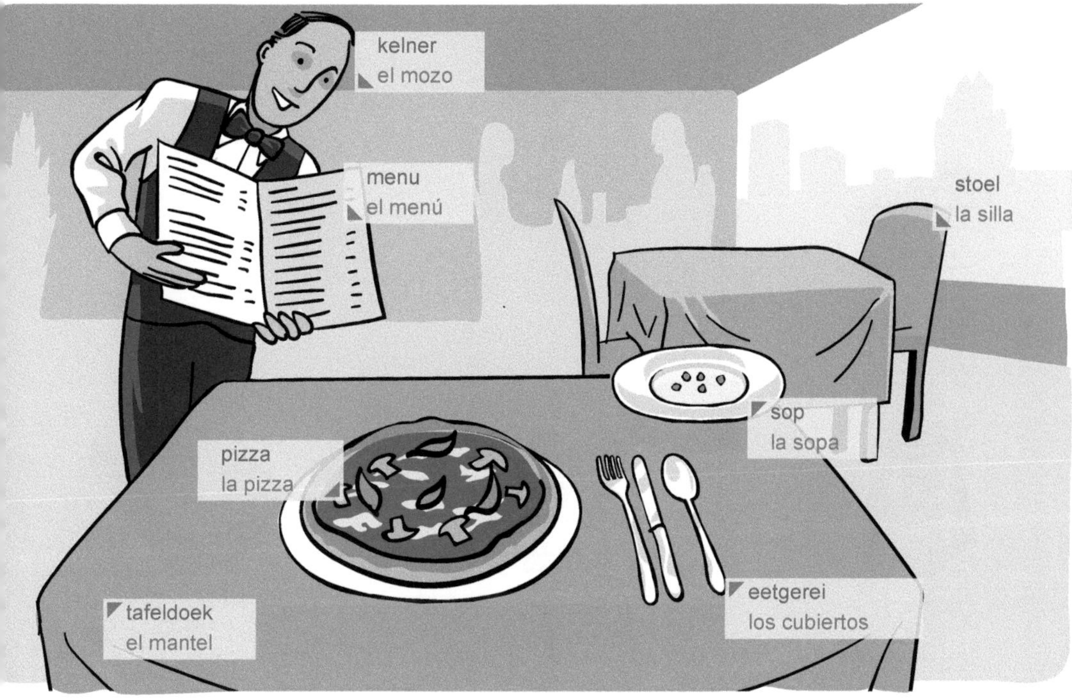

kelner
el mozo
menu
el menú
stoel
la silla
sop
la sopa
pizza
la pizza
tafeldoek
el mantel
eetgerei
los cubiertos

voorgereg

la entrada

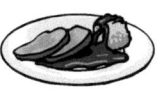

hoofgereg

el plato principal

nagereg

el postre

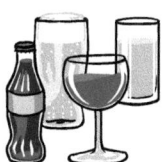

drankies

las bebidas

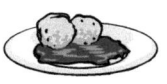

kos

la comida

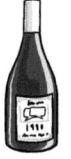

bottel

la botella

kitskos

la comida rápida

straatkos

la comida callejera

teepot

la tetera

suikerverpakking

la azucarera

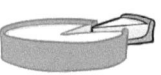

porsie

la porción

espresso masjien

la cafetera expreso

hoë stoel

la sillita alta

rekening

la cuenta

skinkbord

la bandeja

mes

el cuchillo

vurk

el tenedor

lepel

la cuchara

teelepel

la cucharita

servet

la servilleta

glas

el vaso

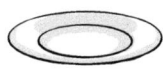

gereg

el plato

sopbakkie

el plato hondo

piering

el plato

sous

la salsa

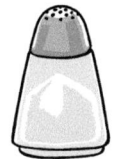

soutpot

el salero

pepermeul

el molinillo de pimienta

asyn

el vinagre

olie

el aceite

speserye

las especias

tamatiesous

el kétchup

mosterd

la mostaza

mayonaise

la mayonesa

supermark
el supermercado

spesiale aanbieding
la oferta especial
FOR
kliënt
el cliente
suiwelprodukte
los lácteos
vrugte
la fruta
trollie
el changuito

BUTCHERS

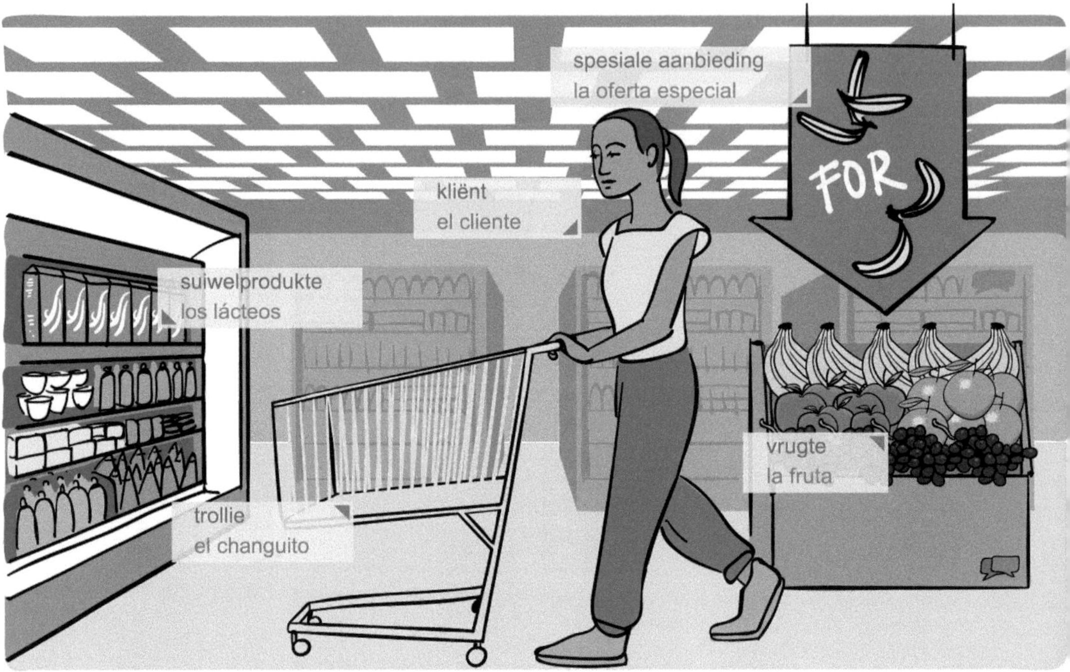

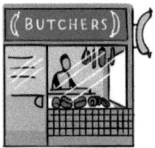

slaghuis

la carnicería

BAKERY

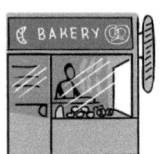

bakkery

la panadería

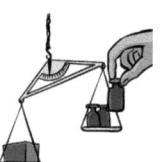

weeg

pesar

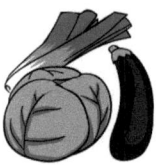

groente

las verduras

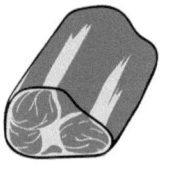

vleis

la carne

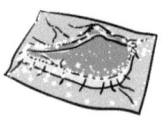

bevrore voedsel

los alimentos congelados

kouevleis

los fiambres

blikkieskos

los alimentos enlatados

waspoeier

el detergente en polvo

lekkers

las golosinas

huishoudelike produkte

los electrodomésticos

skoonmaakprodukte

los productos de limpieza

verkoopsvrou

la vendedora

kasregister

la caja

kassier

el cajero

inkopielys

la lista de compras

besigheidsure

el horario de atención

beursie

la billetera

kredietkaart

la tarjeta de crédito

sak

la cartera

plastieksak

la bolsa de plástico

water
....
el agua

sap
....
el jugo

melk
....
la leche

coke
....
la bebida cola

wyn
....
el vino

bier
....
la cerveza

alkohol
....
el alcohol

kakao
....
el cacao

tee
....
el té

koffie
....
el café

espresso
....
el café expreso

cappuccino
....
el cappuccino

piesang

la banana

appel

la manzana

lemoen

la naranja

waatlemoen

el melón

suurlemoen

el limón

wortel

la zanahoria

knoffel

el ajo

bamboes

el bambú

ui

la cebolla

sampioen

el champiñón

neute

las nueces

noedels

los fideos

spaghetti

los tallarines

rys

el arroz

slaai

la ensalada

aartappelskyfies

las papas fritas

gebraaide aartappels

las papas fritas

pizza

la pizza

hamburger

la hamburguesa

toebroodjie

el sándwich

kotelet

el churrasco

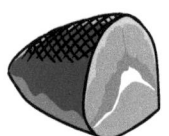

ham

el jamón

salami

el salame

wors

la salchicha

hoender

el pollo

braaivleis

el asado

vis

el pescado

hawermoutflokkies

los copos de avena

muesli

el muesli

graanvlokkies

los copos de maíz

meel

la harina

croissant

la medialuna

broodrolletjie

el pancito

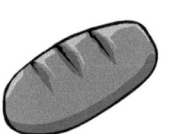

brood

el pan

roosterbrood

la tostada

koekies

las galletitas

botter

la manteca

dikmelk

la cuajada

koek

la torta

eier

el huevo

gebraaide eier

el huevo frito

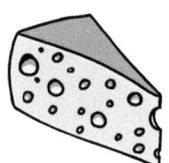

kaas

el queso

kos - la comida 25

roomys

el helado

suiker

el azúcar

heuning

la miel

konfyt

la mermelada

nougat-smeer

la pasta de chocolate

kerrie

el curry

plaas
la granja

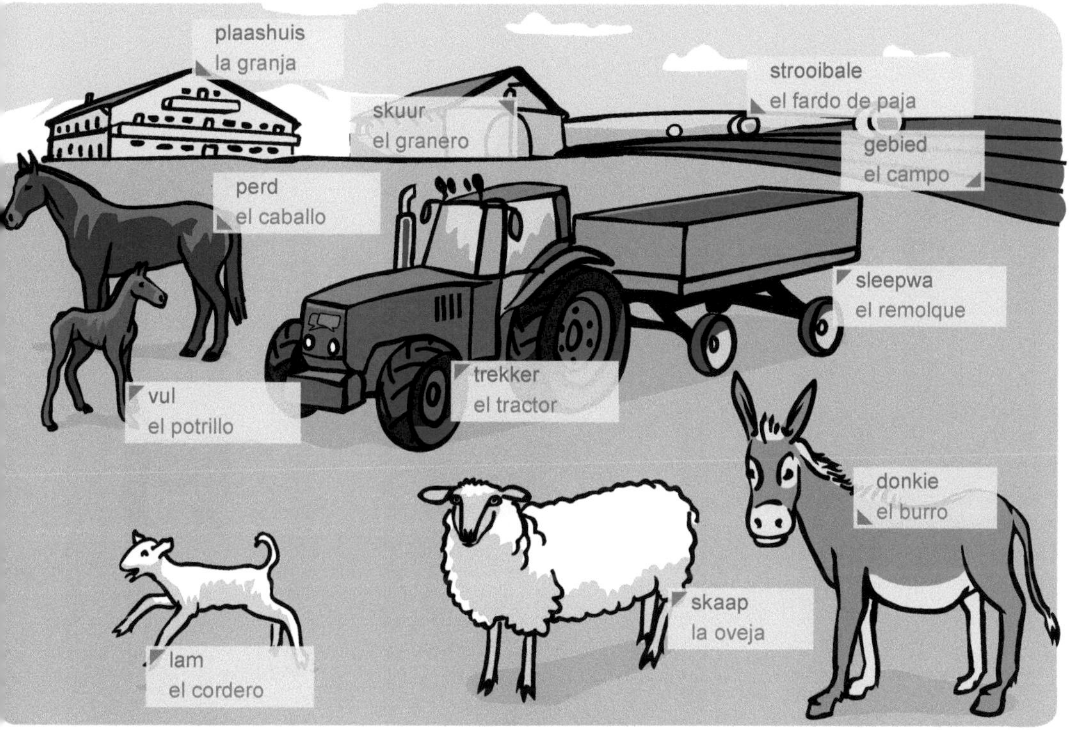
plaashuis
la granja
skuur
el granero
strooibale
el fardo de paja
gebied
el campo
perd
el caballo
sleepwa
el remolque
trekker
el tractor
vul
el potrillo
donkie
el burro
skaap
la oveja
lam
el cordero

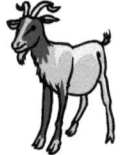

bok

la cabra

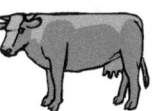

koei

la vaca

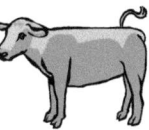

kalf

el ternero

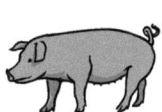

vark

el cerdo

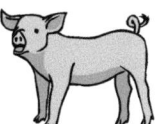

varkie

el lechón

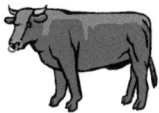

bul

el toro

gans
el ganso

eend
el pato

kuiken
el pollo

hen
la gallina

haan
el gallo

rot
la rata

kat
el gato

muis
el ratón

os
el buey

hond
el perro

hondehok
la cucha

tuinslang
la manguera

gieter
la regadera

sens
la guadaña

ploeg
el arado

sekel

la hoz

skoffel

la azada

gaffel

la horquilla

byl

el hacha

kruiwa

la carretilla

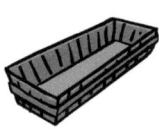

trog

el abrevadero

melkkan

la lechera

sak

la bolsa

heining

la reja

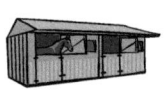

stal

el establo

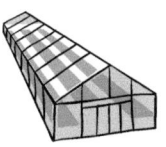

kweekhuis

el invernadero

grond

el suelo

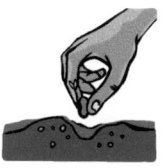

saad

la semilla

kunsmis

el fertilizador

stroper

la cosechadora

oes

cosechar

oes

la cosecha

yam

las batatas

koring

el trigo

soja

la soja

aartappel

la papa

koring

el maíz

raapsaad

la semilla de colza

vrugteboom

el árbol frutal

broodwortel

la mandioca

graan

los cereales

huis
la casa

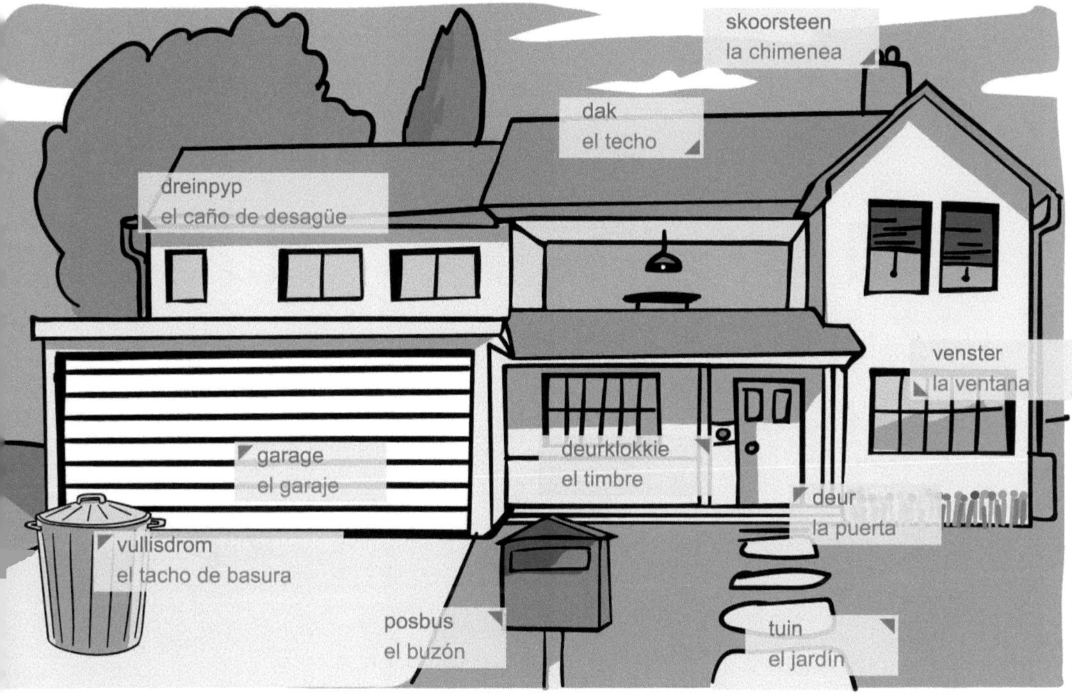
skoorsteen
la chimenea
dak
el techo
dreinpyp
el caño de desagüe
venster
la ventana
garage
el garaje
deurklokkie
el timbre
deur
la puerta
vullisdrom
el tacho de basura
posbus
el buzón
tuin
el jardín

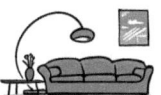

woonkamer
....
el living

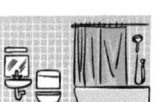

badkamer
....
el baño

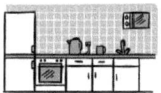

kombuis
....
la cocina

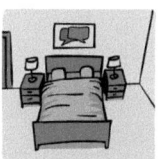

slaapkamer
....
el dormitorio

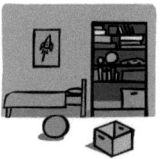

kinderkamer
....
el cuarto de los chicos

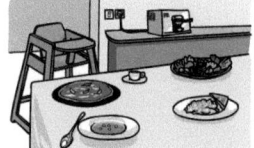

eetkamer
....
el comedor

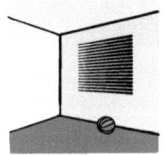

vloer

el piso

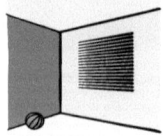

muur

la pared

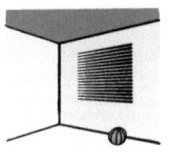

plafon

el cielorraso

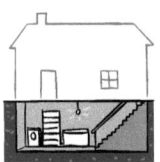

kelder

el sótano

sauna

el sauna

balkon

el balcón

terras

la terraza

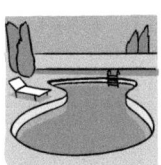

swembad

la pileta

grassnyer

la cortadora de pasto

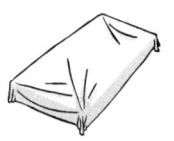

beddegoedoortreksel

la sábana

deken

el acolchado

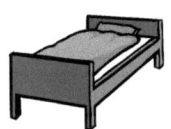

bed

la cama

besem

la escoba

emmer

el balde

skakelaar

el interruptor

woonkamer
el living

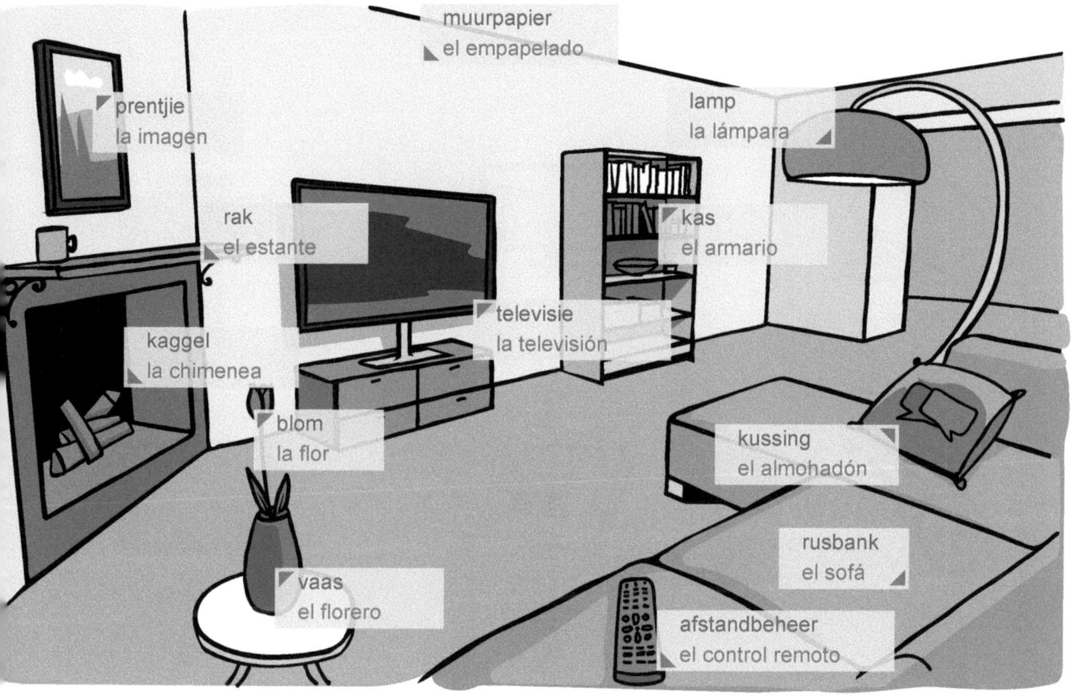

muurpapier
el empapelado
prentjie
la imagen
lamp
la lámpara
rak
el estante
kas
el armario
televisie
la televisión
kaggel
la chimenea
blom
la flor
kussing
el almohadón
rusbank
el sofá
vaas
el florero
afstandbeheer
el control remoto

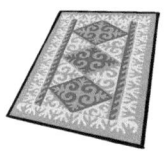

mat

la alfombra

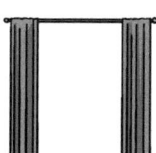

gordyn

la cortina

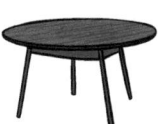

tafel

la mesa

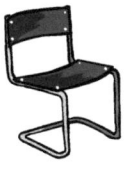

stoel

la silla

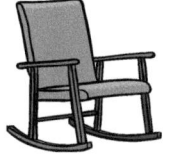

wiegstoel

la mecedora

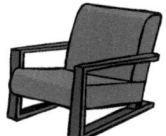

leunstoel

el sillón

boek

el libro

kombers

la frazada

versiering

la decoración

vuurmaakhout

la leña

film

la película

hoëtroustel

el equipo de música

sleutel

la llave

koerant

el diario

skildery

la pintura

plakkaat

el póster

radio

la radio

notaboekie

el cuaderno

stofsuier

la aspiradora

kaktus

el cactus

kers

la vela

kombuis
la cocina

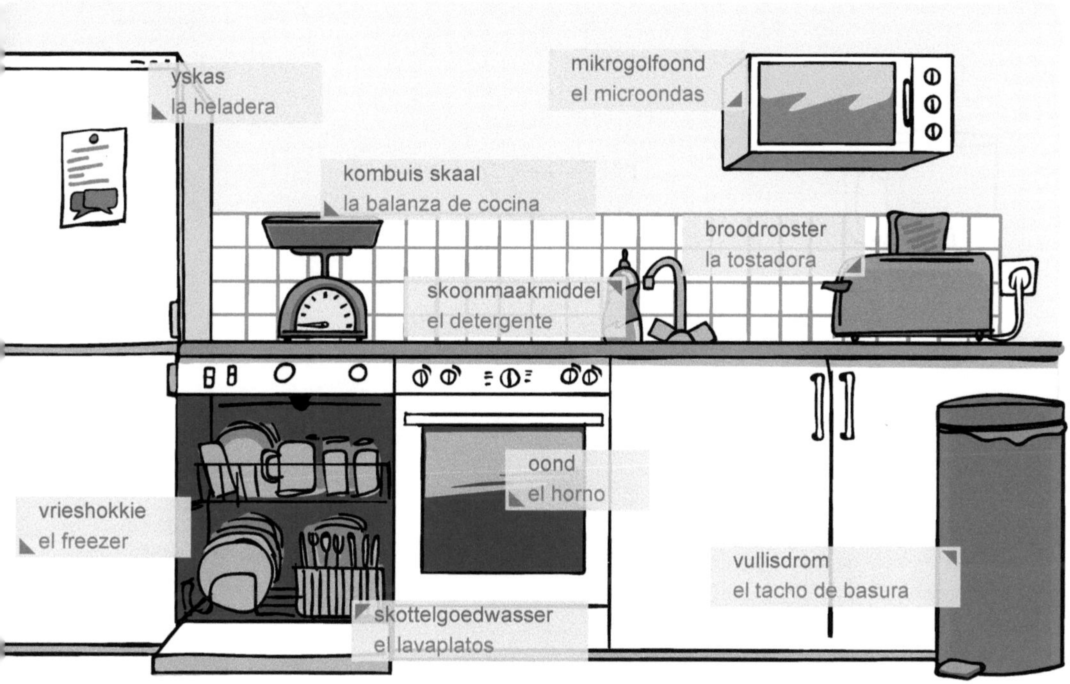
yskas
la heladera
mikrogolfoond
el microondas
kombuis skaal
la balanza de cocina
broodrooster
la tostadora
skoonmaakmiddel
el detergente
oond
el horno
vrieshokkie
el freezer
vullisdrom
el tacho de basura
skottelgoedwasser
el lavaplatos

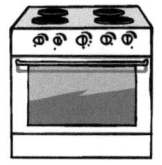

drukkoker

la cocina

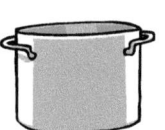

pot

la olla

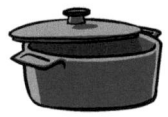

ysterpot

la olla de hierro fundido

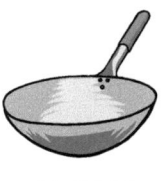

wok / kadai

el wok

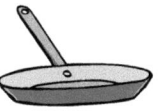

pan

la sartén

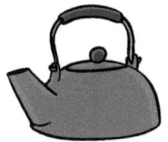

ketel

la pava

stoomkoker

la vaporera

bakplaat

la bandeja de horno

breekware

la vajilla

beker

la taza

bak

el bol

eetstokkie

los palitos

skeplepel

el cucharón

spatel

la espátula

klitser

la batidora

sif

el colador

sif

el colador

rasper

el rallador

vysel

el mortero

braai

la parrilla

oop vuur

la fogata

broodplank

la tabla de picar

koekroller

el palo de amasar

kurktrekker

el sacacorchos

kan

la lata

blikoopmaker

el abrelatas

vatlap

la manopla

opwasbak

la pileta

borsel

el cepillo

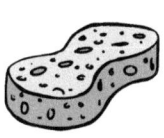

spons

la esponja

menger

la batidora

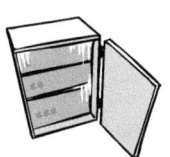

vrieskas

el congelador

bababottel

la mamadera

kraan

la canilla

kombuis - la cocina

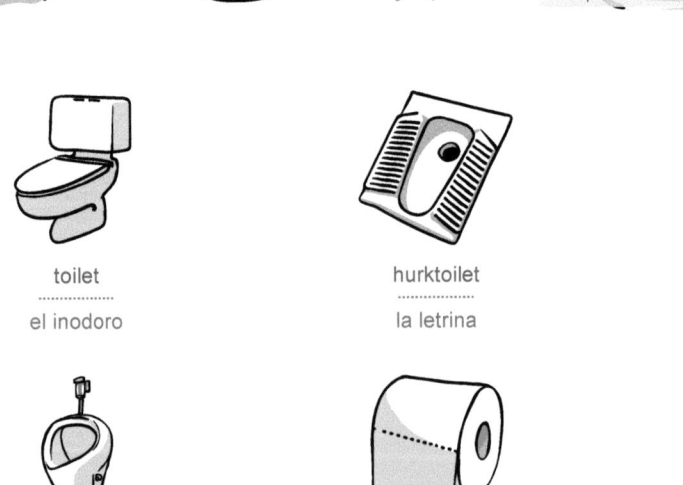

badkamer

el baño

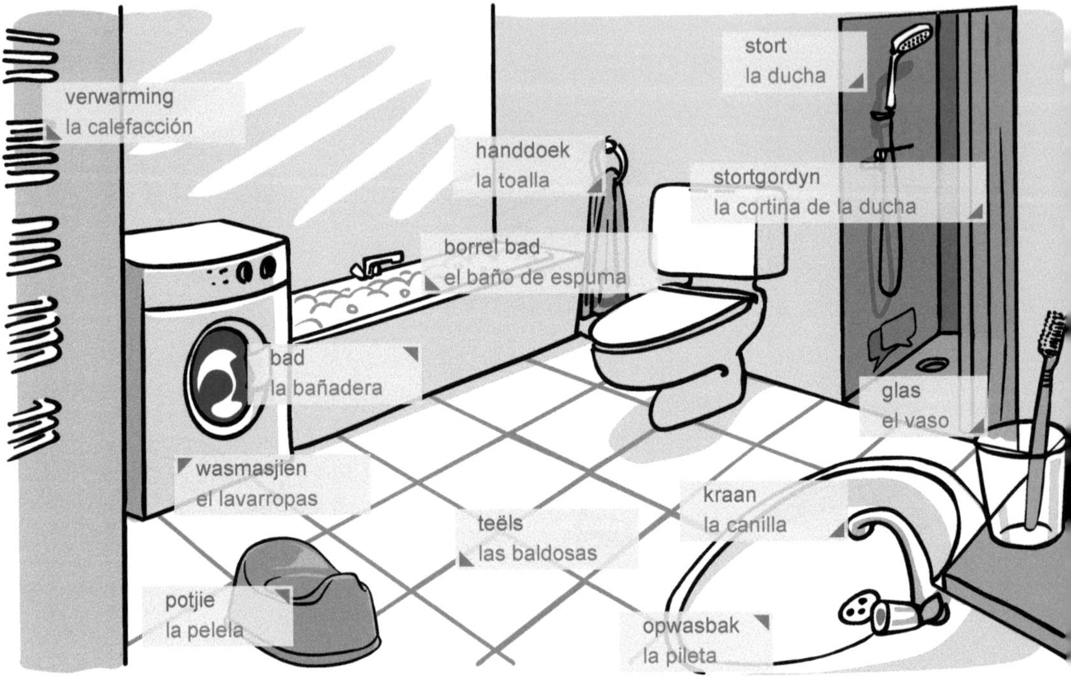

verwarming
la calefacción
handdoek
la toalla
stort
la ducha
stortgordyn
la cortina de la ducha
borrel bad
el baño de espuma
bad
la bañadera
glas
el vaso
wasmasjien
el lavarropas
kraan
la canilla
teëls
las baldosas
potjie
la pelela
opwasbak
la pileta

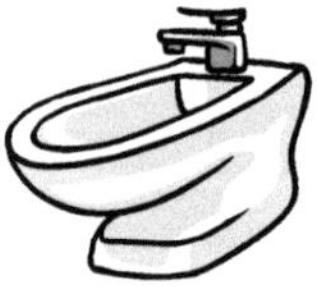

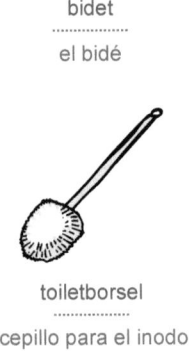

toilet
el inodoro

hurktoilet
la letrina

bidet
el bidé

urinaal
el mingitorio

toiletpapier
el papel higiénico

toiletborsel
el cepillo para el inodoro

tandeborsel

el cepillo de dientes

tandepasta

el dentífrico

tande vlos

el hilo dental

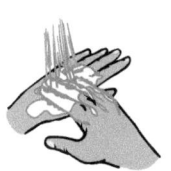

was

lavar

handstort

la ducha de mano

stort

la ducha higiénica

wasbak

la palangana

rugkantborsel

el cepillo para la espalda

seep

el jabón

stortgel

el gel de ducha

sjampoe

el shampoo

flanel

la toallita

drein

el desagüe

room

la crema

reukweerder

el desodorante

spieël

el espejo

spieëltjie

el espejito

skeermes

la maquinita de afeitar

skeerroom

la espuma de afeitar

naskeermiddel

el aftershave

kam

el peine

borsel

el cepillo

haardroër

el secador de pelo

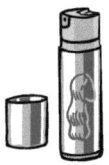

haarsproei

el spray

grimmering

el maquillaje

lipstifie

el lápiz de labios

naellak

el esmalte para uñas

watte

el algodón

naelknipper

la tijera para uñas

parfuum

el perfume

toiletsakkie

el portacosméticos

stoel

la banqueta

skaal

la balanza

badjas

la bata

rubberhandskoene

los guantes de goma

tampon

el tampón

sanitêre handdoek

la toallita femenina

chemiese toilet

el baño químico

kinderkamer

el cuarto de los chicos

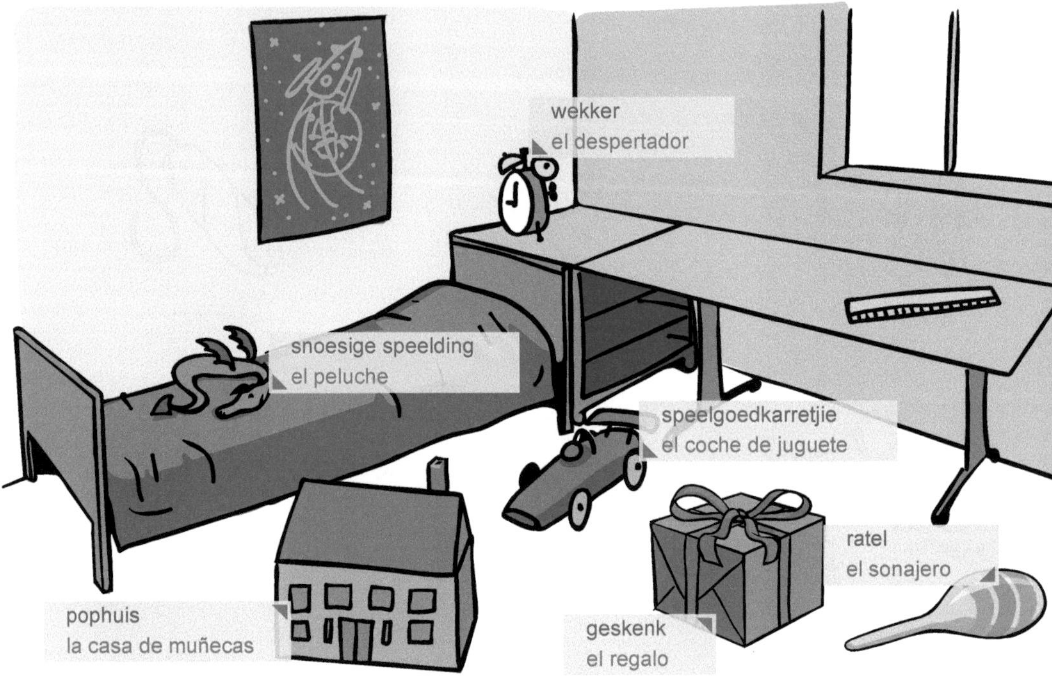

wekker
el despertador
snoesige speelding
el peluche
speelgoedkarretjie
el coche de juguete
ratel
el sonajero
pophuis
la casa de muñecas
geskenk
el regalo

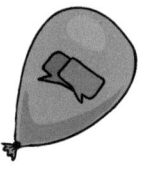

ballon

el globo

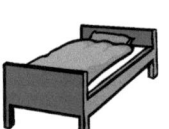

bed

la cama

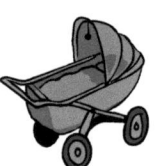

stootwaentjie

el cochecito

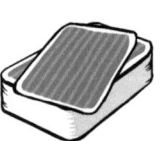

kaartespel

las cartas

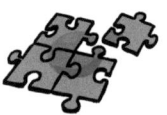

legkaart

el rompecabezas

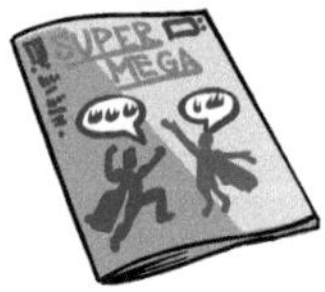

tekenprent

la historieta

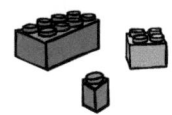

lego-blokkies

las piezas de lego

speelgoedblokke

los ladrillos de juguete

animasieheld

la figura de acción

groeipakkie

el enterito (de bebé)

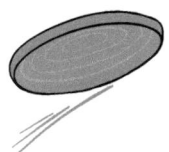

frisbee

el frisbee

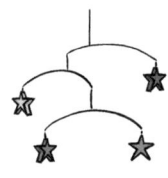

mobile

el móvil para bebés

bordspeletjie

el juego de mesa

dobbelsteen

los dados

model trein stel

el tren eléctrico

fopspeen

el chupete

partytjie

la fiesta

prenteboek

el libro de cuentos ilustrado

bal

la pelota

pop

la muñeca

speel

jugar

sandput

el arenero

swaai

la hamaca

speelgoed

los juguetes

videospeletjie-konsole

la consola de videojuegos

driewiel

el triciclo

teddiebeer

el osito de peluche

klerekas

el armario

klere

la ropa

sokkies

las medias

kouse

las medias panty

broekiekouse

las calzas

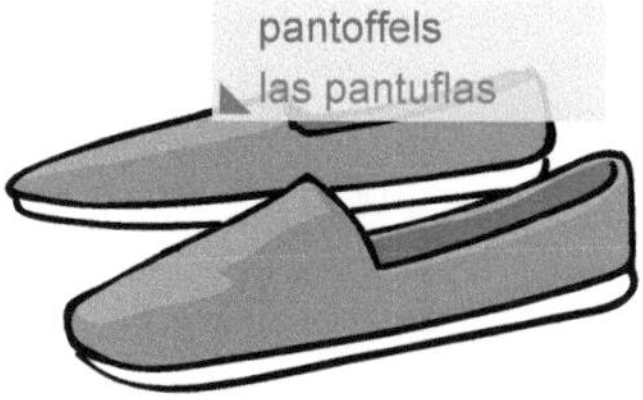

serp
la bufanda

sambreel
el paraguas

t-hemp
la remera

belt
el cinturón

skoene
las botas

pantoffels
las pantuflas

tekkies
las zapatillas

sandale
las sandalias

skoene
los zapatos

rubber stewels
las botas de goma

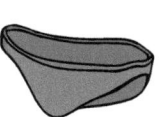

onderbroek
la ropa interior

bra
el corpiño

onderbaadjie
el chaleco

klere - la ropa

liggaam

el body

broek

los pantalones

jeans

los jeans

romp

la pollera

bloes

la blusa

hemp

la camisa

oortrektrui

el pulóver

oortrektrui

el buzo

baadjie

el blazer

baadjie

la campera

jas

el tapado

reënjas

el piloto

kostuum

el traje

rok

el vestido

trourok

el vestido de novia

pak
el traje

nagrok
el camisón

pajamas
el pijama

sari
el sari

kopdoek
el pañuelo para la cabeza

tulband
el turbante

burqa
la burka

kaftan
el caftán

abaya
la abaya

swembroek
el traje de baño

swembroek
el short de baño

kortbroek
los shorts

sweetpak
el jogging

voorskoot
el delantal

handskoene
los guantes

knoppie

el botón

bril

los anteojos

armband

la pulsera

halssnoer

el collar

ring

el anillo

oorbel

el aro

pet

la gorra

klerehanger

la percha

hoed

el sombrero

das

la corbata

rits

el cierre

helmet

el casco

draadjies

los tiradores

skooluniform

el uniforme escolar

uniform

el uniforme

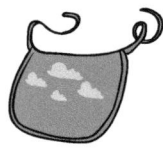

bib

el babero

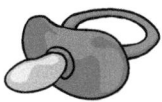

fopspeen

el chupete

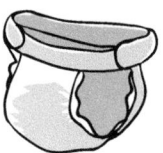

doek

el pañal

kantoor
la oficina

bediener
el servidor
liasseerkabinet
el archivero
papier
el papel
drukker
la impresora
skerm
el monitor
muis
el mouse
lessenaar
el escritorio
leêr
la carpeta
sleutelbord
el teclado
vullisdrom
el tacho (de basura)
stoel
la silla
rekenaar
la computadora

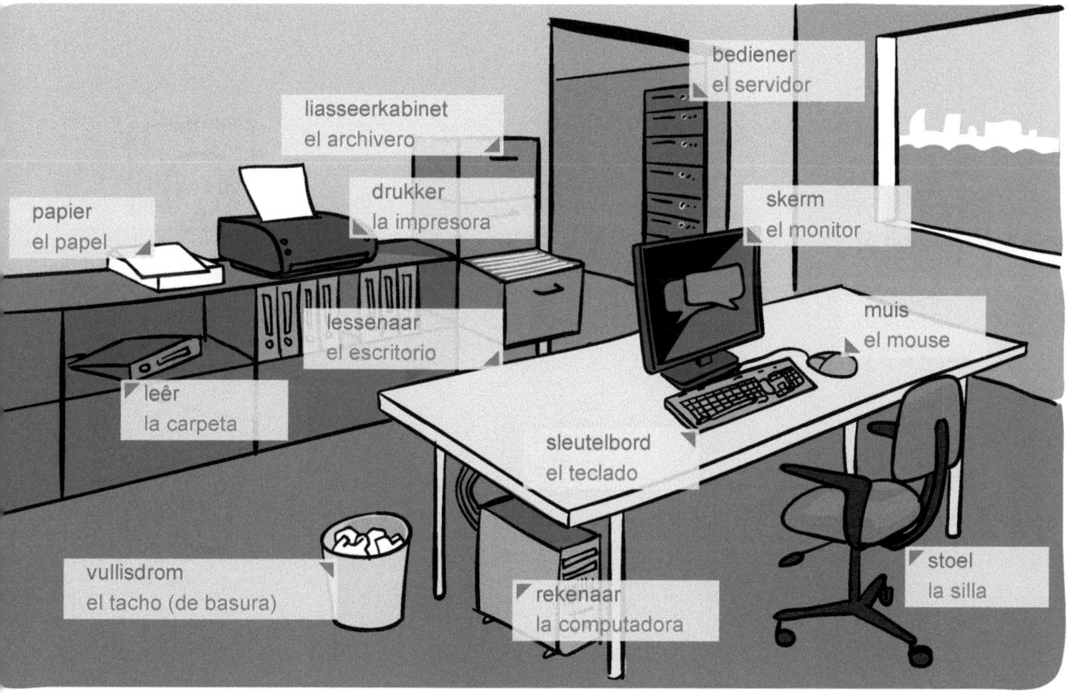

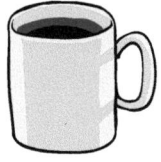

koffiebeker

la taza de café

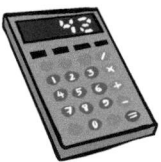

sakrekenaar

la calculadora

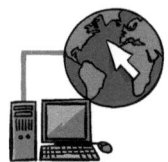

internet

el internet

skootrekenaar

la laptop

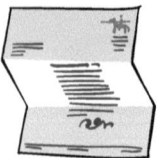

brief

la carta

boodskap

el mensaje

selfoon

el celular

netwerk

la red

fotostaatmasjien

la fotocopiadora

sagteware

el software

telefoon

el teléfono

muurprop

el tomacorriente

faksmasjien

el fax

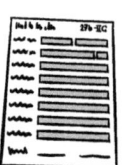

vorm

el formulario

dokument

el documento

koop

comprar

betaal

pagar

besigheid doen

hacer negocios

geld

el dinero

dollar

el dólar

euro

el euro

yen

el yen

roebel

el rublo

switserse frank

el franco suizo

renminbi yuan

el yuan

rupee

la rupia

kontantteller (ATM)

el cajero automático

bureau de change

la casa de cambio

goud

el oro

silwer

la plata

olie

el petróleo

energie

la energía

prys

el precio

kontrak

el contrato

belasting

el impuesto

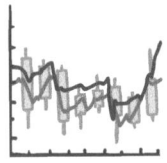

aandele

la acción

werk

trabajar

werknemer

el empleado

werkgewer

el empleador

fabriek

la fábrica

winkel

el negocio

beroepe
las ocupaciones

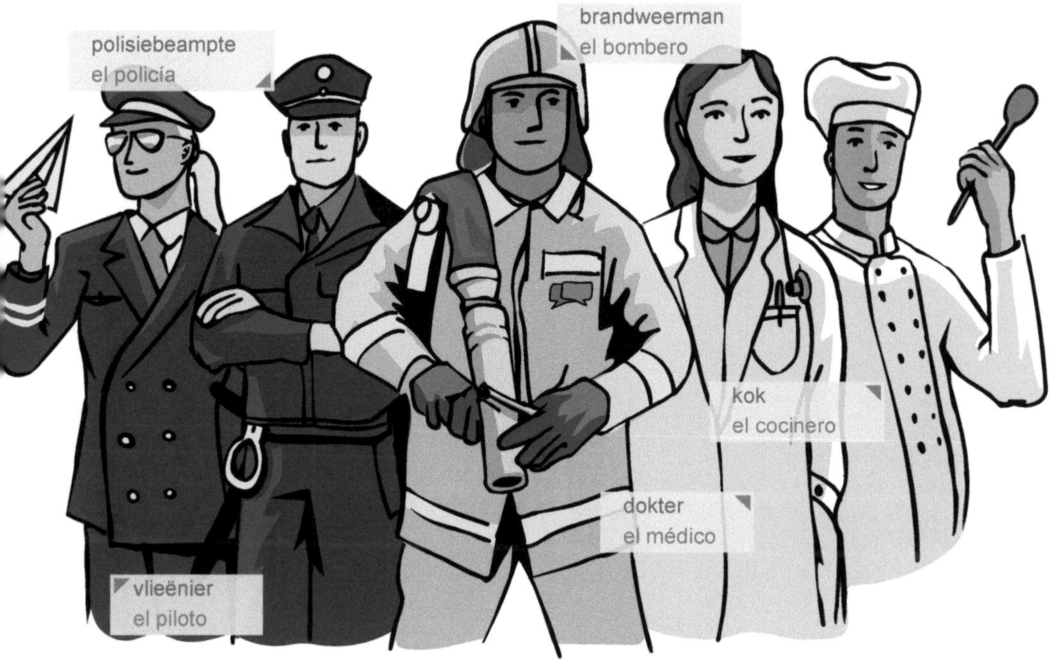
polisiebeampte
el policía
brandweerman
el bombero
kok
el cocinero
dokter
el médico
vlieënier
el piloto

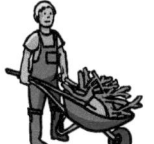

tuinier

el jardinero

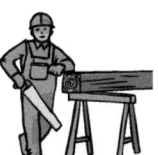

timmerman

el carpintero

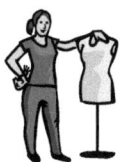

naaldwerkster

la modista

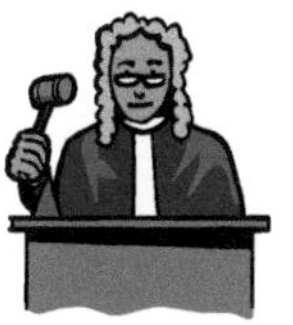

regter

el juez

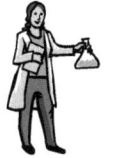

chemikus

el farmacéutico

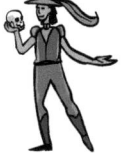

akteur

el actor

busbestuurder

el colectivero

taxibestuurder

el taxista

visserman

el pescador

skoonmaakvrou

la mucama

dakwerker

el techista

kelner

el mozo

jagter

el cazador

skilder

el pintor

bakker

el panadero

elektrisiën

el electricista

bouer

el albañil

ingenieur

el ingeniero

slagter

el carnicero

loodgieter

el plomero

posman

el cartero

soldaat

el soldado

argitek

el arquitecto

kassier

el cajero

bloemiste

el florista

haarkapper

el peluquero

kondukteur

el cobrador

werktuigkundige

el mecánico

kaptein

el capitán

tandarts

el dentista

wetenskaplike

el científico

rabbi

el rabino

imam

el imán

monnik

el monje

predikant

el sacerdote

gereedskap
las herramientas

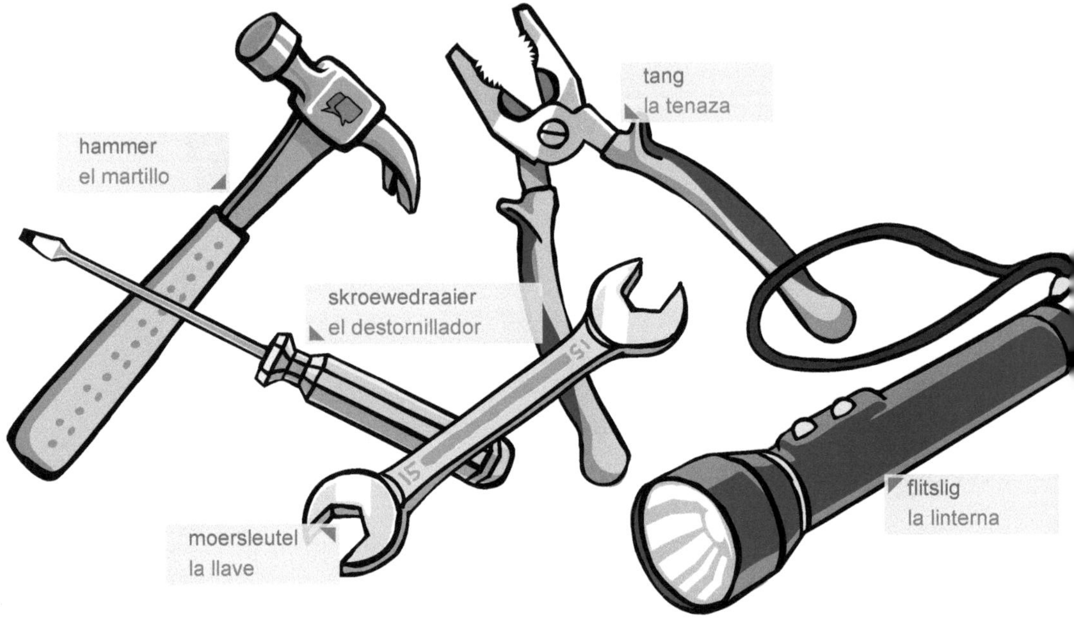
tang
la tenaza
hammer
el martillo
skroewedraaier
el destornillador
flitslig
la linterna
moersleutel
la llave

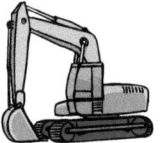

graaftoestel

la excavadora

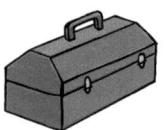

gereedskapskis

la caja de herramientas

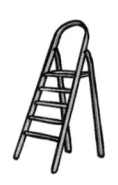

leer

la escalera portátil

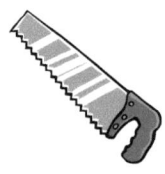

saag

la sierra

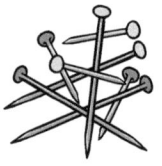

naels

los clavos

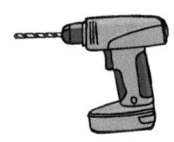

boor

el taladro

regmaak
arreglar

graaf
la pala de jardín

verdomp!
¡Qué bronca!

skoppie
la pala de plástico

verfpot
el tacho de pintura

skroewe
los tornillos

musiekinstrumente
los instrumentos musicales

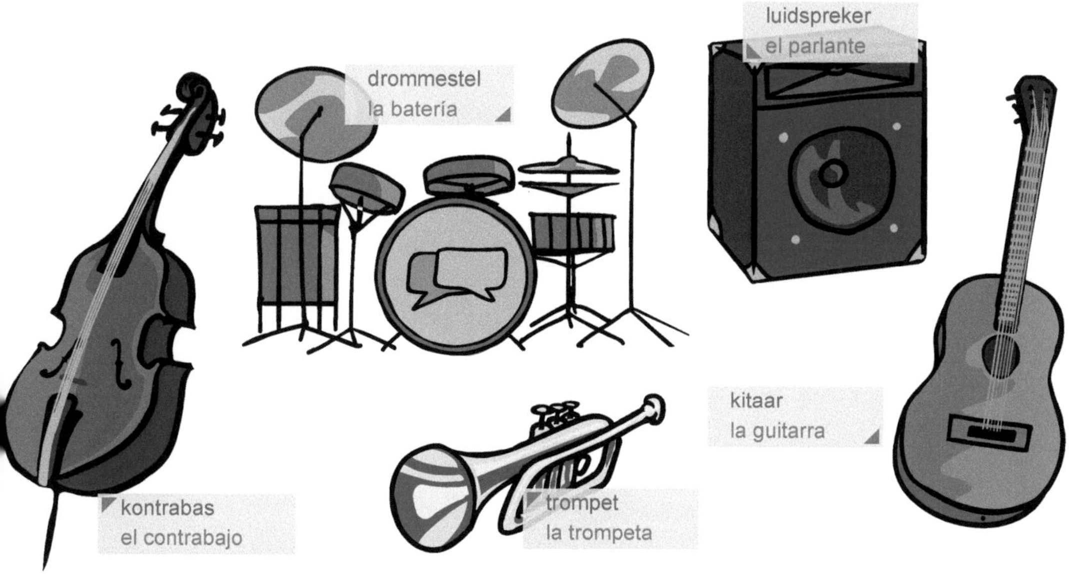

drommestel
la batería

luidspreker
el parlante

kitaar
la guitarra

kontrabas
el contrabajo

trompet
la trompeta

klavier

el piano

viool

el violín

bas

el bajo

keteltrom

los timbales

dromme

el tambor

sleutelbord

el teclado

saksofoon

el saxofón

fluit

la flauta

mikrofoon

el micrófono

dieretuin
el zoológico

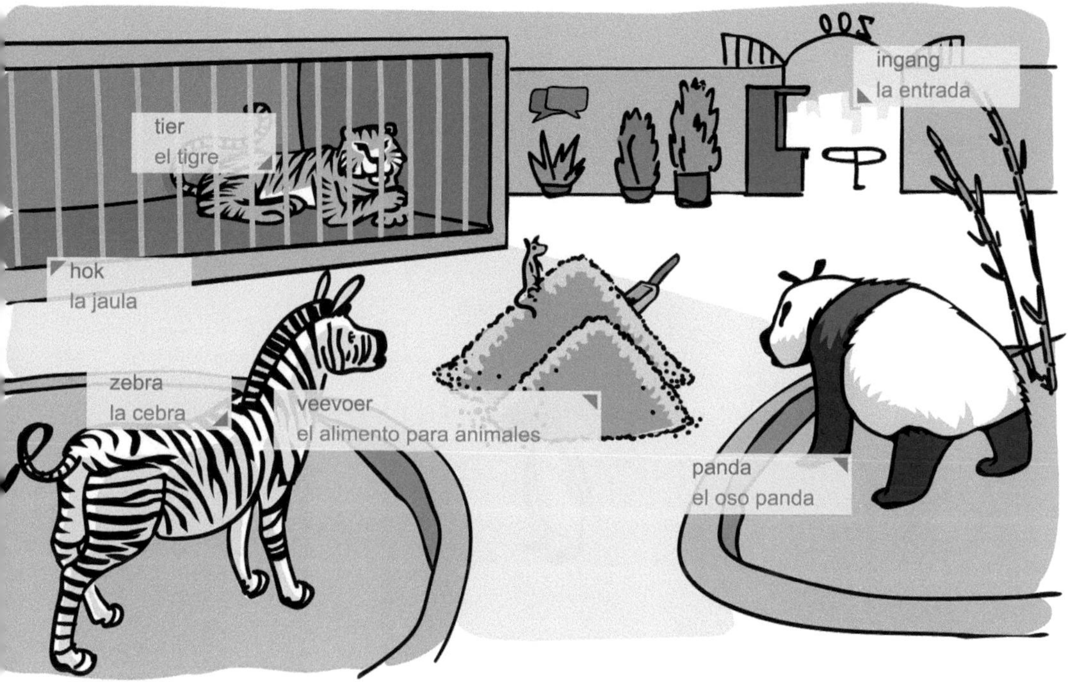
ingang
la entrada
tier
el tigre
hok
la jaula
zebra
la cebra
veevoer
el alimento para animales
panda
el oso panda

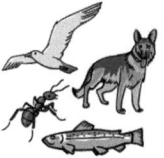

diere
los animales

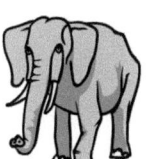

olifant
el elefante

kangaroo
el canguro

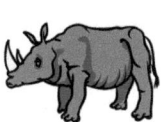

renoster
el rinoceronte

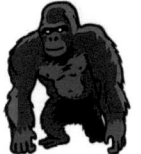

gorilla
el gorila

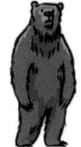

beer
el oso

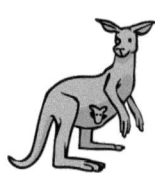

kameel

el camello

volstruis

el avestruz

leeu

el león

aap

el mono

flamink

el flamenco

papegaai

el loro

ysbeer

el oso polar

pikkewyn

el pingüino

haai

el tiburón

pou

el pavo real

slang

la serpiente

krokodil

el cocodrilo

dieretuinopsigter

el cuidador del zoológico

rob

la foca

jaguar

el jaguar

ponie

el poni

luiperd

el leopardo

seekoei

el hipopótamo

kameelperd

la jirafa

arend

el águila

wildevark

el jabalí

vis

el pescado

skilpad

la tortuga

walrus

la morsa

jakkals

el zorro

gemsbok

la gacela

Amerikaanse Voetbal
el fútbol americano

fietsry
el ciclismo

tennis
el tenis

basketbal
el básquet

swem
la natación

boks
el boxeo

ys-hokkie
el hockey sobre hielo

sokker
el fútbol

pluimbal
el bádminton

atletiek
el atletismo

handbal
el handball

ski
el esquí

polo
el polo

spring
saltar

lag
reír

drukkie
abrazar

loop
caminar

sing
cantar

droom
soñar

bid
rezar

soen
besar

skryf	teken	show
escribir	dibujar	mostrar

druk	gee	neem
presionar	dar	tomar

het
....
tener

doen
....
hacer

wees
....
ser

staan
....
estar parado

hardloop
....
correr

trek
....
tirar

gooi
....
tirar

val
....
caer

jok
....
estar acostado

wag
....
esperar

dra
....
llevar

sit
....
estar sentado

aantrek
....
vestirse

slaap
....
dormir

wakker word
....
despertar

kyk na
....
mirar

huil
....
llorar

streel
....
acariciar

kam
....
peinar

praat
....
hablar

verstaan
....
entender

vra
....
preguntar

luister
....
escuchar

drink
....
beber

eet
....
comer

opruim
....
ordenar

liefhê
....
amar

kook
....
cocinar

ry
....
manejar

vlieg
....
volar

aktiwiteite - las actividades

seil

navegar

bereken

calcular

lees

leer

leer

aprender

werk

trabajar

trou

casarse

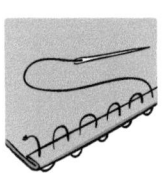

naai

coser

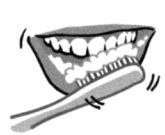

tande borsel

cepillarse los dientes

doodmaak

matar

rook

fumar

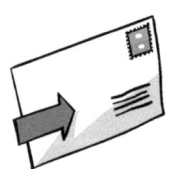

stuur

enviar

familie
la familia

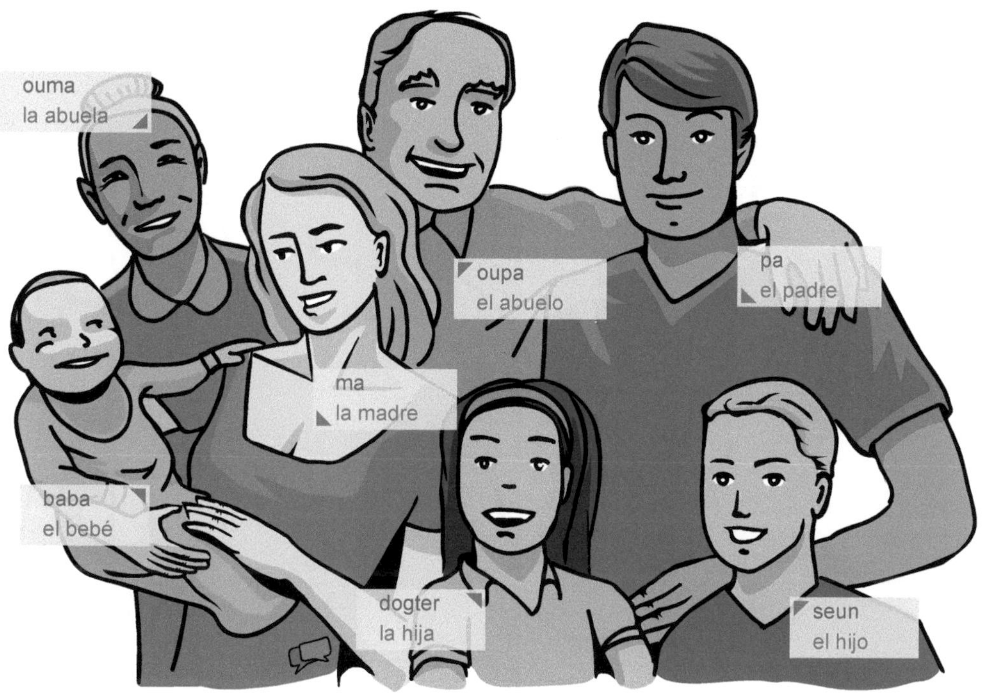

ouma
la abuela
oupa
el abuelo
pa
el padre
ma
la madre
baba
el bebé
dogter
la hija
seun
el hijo

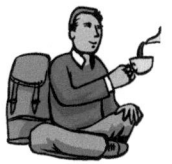

gas

el invitado

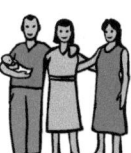

tannie

la tía

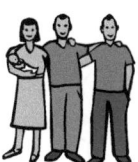

oom

el tío

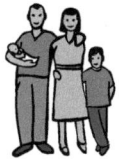

broer

el hermano

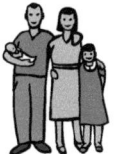

suster

la hermana

liggaam

el cuerpo

voorkop
la frente
oog
el ojo
skouer
el hombro
vinger
el dedo
gesig
la cara
ken
la pera
hand
la mano
been
la pierna
bors
el pecho
arm
el brazo

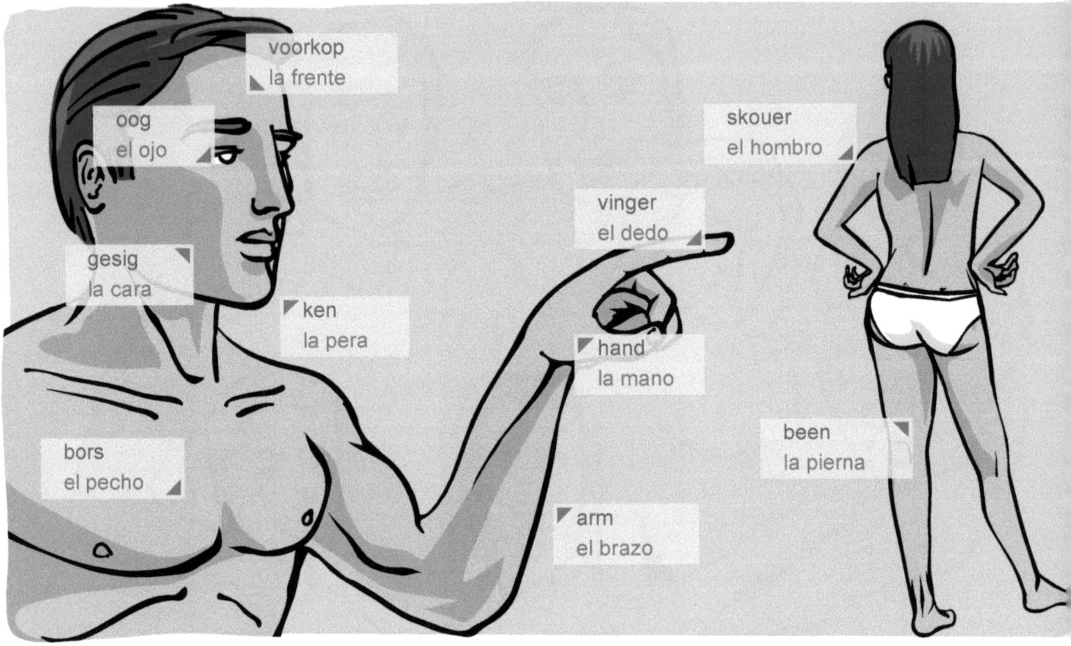

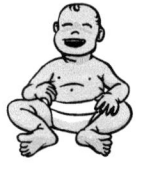

baba

el bebé

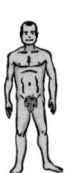

man

el hombre

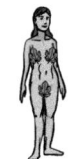

vrou

la mujer

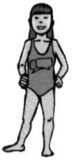

meisie

la nena

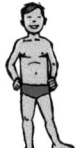

seun

el nene

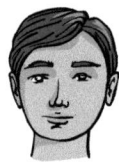

kop

la cabeza

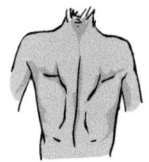

rug

la espalda

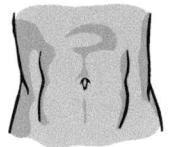

buik

la panza

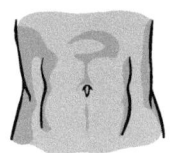

naelstring

el ombligo

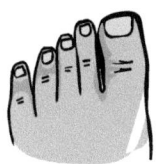

toon

el dedo del pie

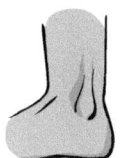

hak

el talón

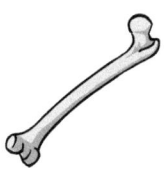

been

el hueso

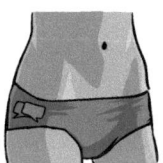

heup

la cadera

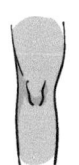

knie

la rodilla

elmboog

el codo

neus

la nariz

boude

la cola

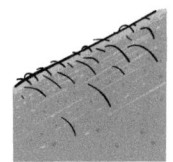

vel

la piel

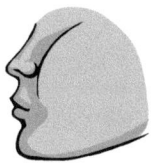

wang

el cachete

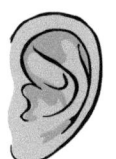

oor

la oreja

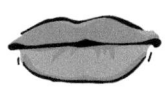

lippe

el labio

mond
la boca

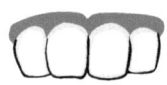

tand
el diente

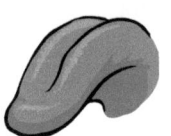

tong
la lengua

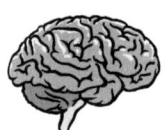

brein
el cerebro

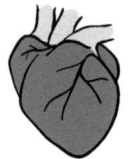

hart
el corazón

spiere
el músculo

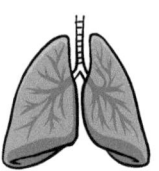

long
el pulmón

lewer
el hígado

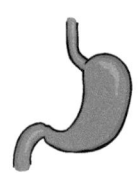

maag
el estómago

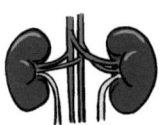

niere
los riñones

seks
el sexo

kondoom
el preservativo

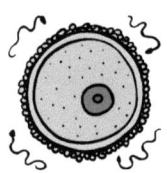

eierstok
el óvulo

semen
el semen

swangerskap
el embarazo

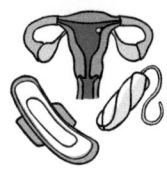

menstruasie

la menstruación

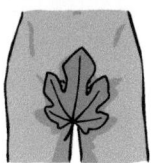

vagina

la vagina

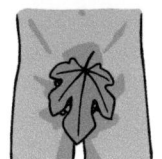

penis

el pene

wenkbrou

la ceja

hare

el pelo

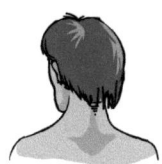

nek

el cuello

hospitaal
el hospital

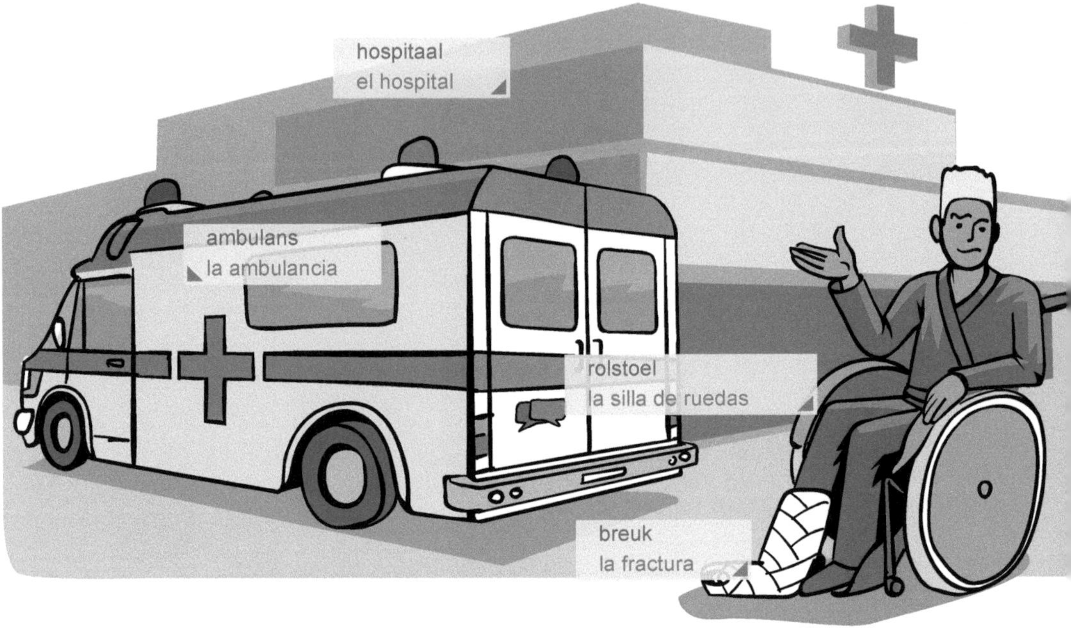

hospitaal
el hospital
ambulans
la ambulancia
rolstoel
la silla de ruedas
breuk
la fractura

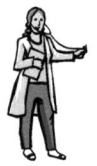

dokter

el médico

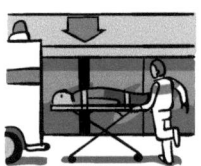

ongevalle

la sala de guardia

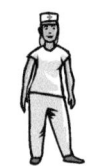

verpleegster

la enfermera

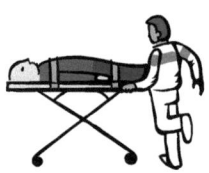

noodgeval

la emergencia

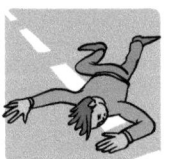

bewusteloos

inconsciente

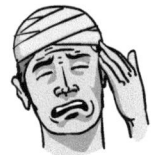

pyn

el dolor

besering
la lesión

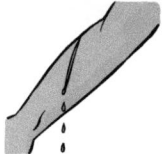

bloeding
la hemorragia

hartaanval
el infarto

beroerte
el ACV

allergie
la alergia

hoes
la tos

koors
la fiebre

griep
la gripe

diarree
la diarrea

hoofpyn
el dolor de cabeza

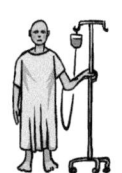

kanker
el cáncer

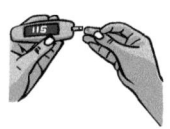

diabetes
la diabetes

chirurg
el cirujano

skalpel
el bisturí

operasie
la operación

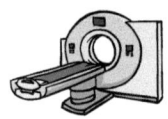

CT

la TC

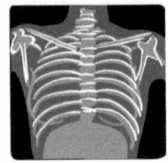

X-straal

los rayos x

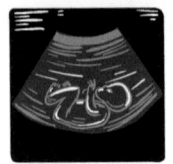

ultraklank

la ecografía

gesigmasker

el barbijo

siekte

la enfermedad

wagkamer

la sala de espera

kruk

la muleta

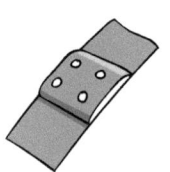

gips

la curita

verband

la venda

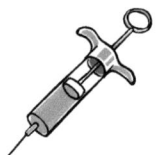

inspuiting

la inyección

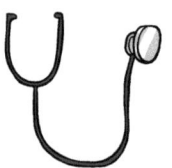

stetoskoop

el estetoscopio

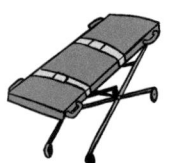

draagbaar

la camilla

kliniese termometer

el termómetro

geboorte

el nacimiento

oorgewig

el sobrepeso

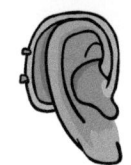

gehoorapparaat

el audífono

ontsmettingsmiddel

el desinfectante

infeksie

la infección

virus

el virus

MIV / vigs

el VIH / SIDA

medisyne

el remedio

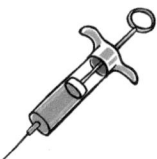

inenting

la vacunación

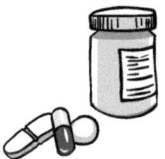

tablette

los comprimidos

pil

la pastilla anticonceptiva

noodoproep

la llamada de emergencia

blooddrukmonitor

el tensiómetro

siek / gesond

enfermo / sano

Help!

¡Ayuda!

alarm

la alarma

aanranding

la agresión

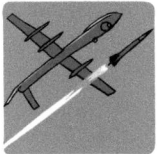

aanval

el ataque

gevaar

el peligro

nooduitgang

la salida de emergencia

Brand!

¡Fuego!

brandblusser

el matafuego

ongeluk

el accidente

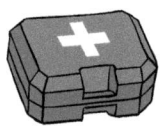

noodhulpkissie

el botiquín de primeros auxilios

SOS

el SOS

polisie

la policía

Europa

Europa

Noord-Amerika

América del Norte

Suid-Amerika

América del Sur

Afrika

África

Asië

Asia

Australië

Australia

Atlantiese Oseaan

el Atlántico

Stille Oseaan

el Pacífico

Indiese Oseaan

el Océano Índico

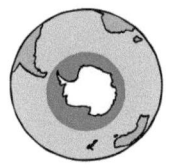

Antarktiese Oseaan

el Océano Antártico

Arktiese Oseaan

el Océano Ártico

Noordpool

el polo norte

Suidpool

el polo sur

Antarktika

la Antártida

aarde

la Tierra

land

la tierra

see

el mar

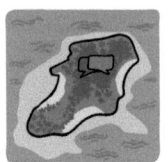

eiland

la isla

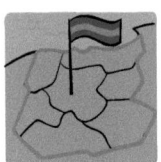

nasie

la nación

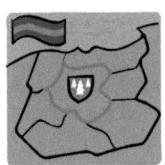

staat

el estado

horlosie

la esfera

uur-aanwyser

la manecilla de las horas

minuut-aanwyser

el minutero

sekonde-aanwyser

el segundero

Hoe laat is dit?

¿Qué hora es?

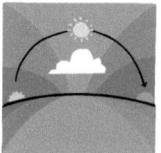

dag

el día

tyd

la hora

nou

ahora

digitale horlosie

el reloj digital

minuut

el minuto

uur

la hora

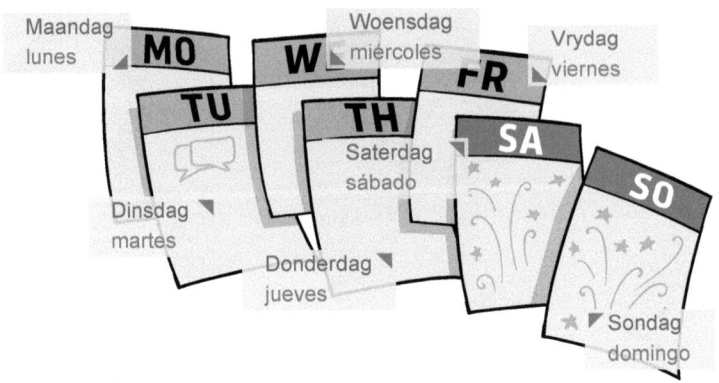

Maandag / lunes — MO
Dinsdag / martes — TU
Woensdag / miércoles — W
Donderdag / jueves — TH
Vrydag / viernes — FR
Saterdag / sábado — SA
Sondag / domingo — SO

gister
ayer

vandag
hoy

môre
mañana

oggend
la mañana

middag
el mediodía

aand
la tarde

MO	TU	WE	TH	FR	SA	SU
1	2	3	4	5	6	7
8	9	10	11	12	13	14
15	16	17	18	19	20	21
22	23	24	25	26	27	28
29	30	31	1	2	3	4

werksdae
los días hábiles

naweek
el fin de semana

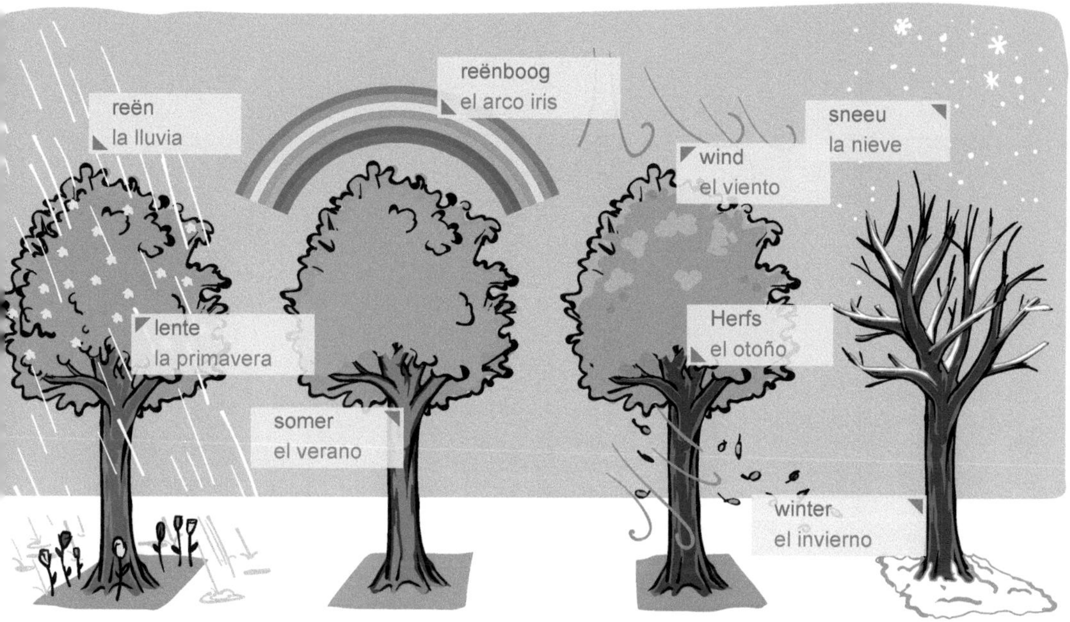

reën
la lluvia

reënboog
el arco iris

sneeu
la nieve

wind
el viento

lente
la primavera

Herfs
el otoño

somer
el verano

winter
el invierno

4.APRIL	11°	☀
5.APRIL	4°	⛅
6.APRIL	13°	☂
7.APRIL	8°	❄
8.APRIL	10°	🌤

weervoorspelling
el pronóstico meteorológico

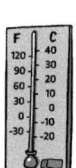

termometer
el termómetro

sonskyn
la luz del sol

wolk
la nube

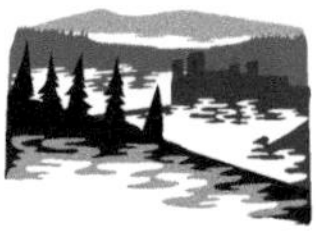

mis
la niebla

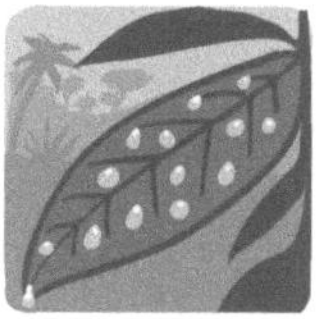

humiditeit
la humedad

weerlig

el rayo

donderweer

el trueno

storm

la tormenta

hael

el granizo

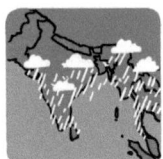

reënseisoen

el monzón

vloed

la inundación

ys

el hielo

Januarie

enero

Februarie

febrero

Maart

marzo

April

abril

Mei

mayo

Junie

junio

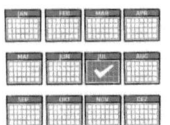

Julie

julio

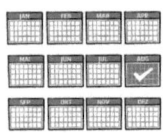

Augustus

agosto

September
....
septiembre

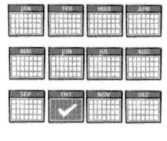

Oktober
....
octubre

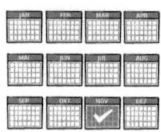

November
....
noviembre

Desember
....
diciembre

vorms

las formas

sirkel
....
el círculo

vierkant
....
el cuadrado

reghoek
....
el rectángulo

driehoek
....
el triángulo

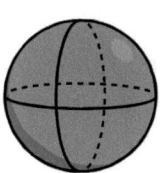

gebied
....
la esfera

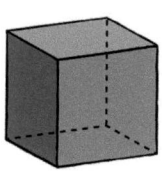

kubus
....
el cubo

wit

blanco

geel

amarillo

oranje

naranja

pink

rosa

rooi

rojo

pers

violeta

blou

azul

groen

verde

bruin

marrón

grys

gris

swart

negro

'n baie / 'n bietjie

mucho / poco

kwaad / kalm

enojado / tranquilo

pragtig / lelik

lindo / feo

begin / einde

el principio / el fin

groot / klein

grande / chico

helder / donker

claro / oscuro

broer / suster

el hermano / la hermana

skoon / vuil

limpio / sucio

volledige / onvolledige

completo / incompleto

dag / nag

el día / la noche

dood / lewendig

muerto / vivo

wyd / smal

ancho / angosto

eetbare / oneetbaar

comestible / no comestible

kwaad / vriendelik

malo / amable

opgewonde / verveeld

entusiasmado / aburrido

vet / maer

gordo / flaco

eerste / laaste

primero / último

vriend / vyand

el amigo / el enemigo

vol / leeg

lleno / vacío

hard / sag

duro / blando

swaar / lig

pesado / liviano

honger / dors

el hambre / la sed

siek / gesond

enfermo / sano

onwettige / wettige

ilegal / legal

slim / dom

inteligente / estúpido

links / regs

izquierda / derecha

naby / vêr

cerca / lejos

nuut / tweedehands

nuevo / usado

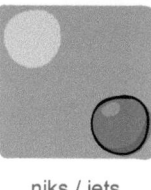

niks / iets

nada / algo

oud / jonk

viejo / joven

aan / af

encendido / apagado

oop / toe

abierto / cerrado

stil / lawaaierig

silencioso / ruidoso

ryk / arm

rico / pobre

reg / verkeerd

correcto / incorrecto

grof / glad

áspero / suave

hartseer / gelukkig

triste / contento

kort / lank

corto / largo

stadig / vinnig

lento / rápido

nat / droog

mojado / seco

warm / koel

caliente / frío

oorlog / vrede

guerra / paz

los números

0

nul

cero

1

een

uno

2

twee

dos

3

drie

tres

4

vier

cuatro

5

vyf

cinco

6

ses

seis

7

sewe

siete

8

agt

ocho

9

nege

nueve

10

tien

diez

11

elf

once

12

twaalf

doce

13

dertien

trece

14

veertien

catorce

15

vyftien

quince

16

sestien

dieciséis

17

sewentien

diecisiete

18

agtien

dieciocho

19

negentien

diecinueve

20

twintig

veinte

100

honderd

cien

1.000

duisend

mil

1.000.000

miljoen

el millón

tale

los idiomas

Engels

el inglés

Amerikaanse Engels

el inglés americano

Mandaryns

el chino mandarín

Hindi

el hindi

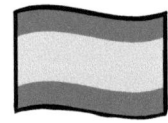

Spaans

el español

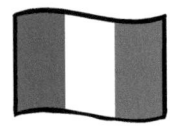

Frans

el francés

Arabies

el árabe

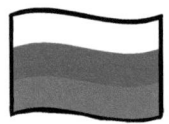

Russies

el ruso

Portugees

el portugués

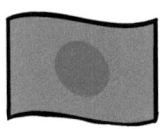

Bengaals

el bengalí

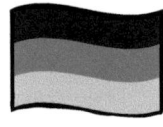

Duits

el alemán

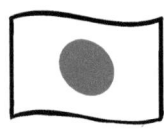

Japanees

el japonés

Ek

yo

jy

vos

hy / sy / dit

él / ella

ons

nosotros

julle

ustedes

hulle

ellos

wie?

¿quién?

wat?

¿qué?

hoe?

¿cómo?

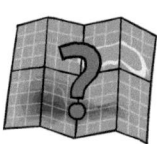

waar?

¿dónde?

wanneer?

¿cuándo?

naam

el nombre

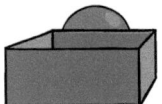

agter

detrás

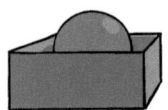

in

en

voor

adelante de

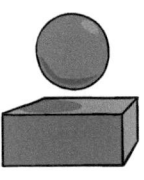

oor

por encima de

bo-op

sobre

onder

debajo de

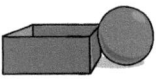

langs

al lado de

tussen

entre

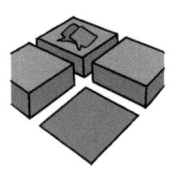

plek

el lugar

Ek

yo

jy

vos

hy / sy / dit

él / ella

ons

nosotros

julle

ustedes

hulle

ellos

wie?

¿quién?

wat?

¿qué?

hoe?

¿cómo?

waar?

¿dónde?

wanneer?

¿cuándo?

naam

el nombre

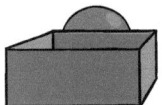

agter

detrás

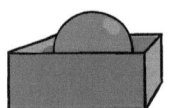

in

en

voor

adelante de

oor

por encima de

bo-op

sobre

onder

debajo de

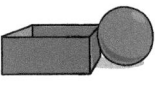

langs

al lado de

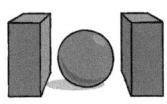

tussen

entre

plek

el lugar